NORD
Lille
CALAIS
Arras
NORD
SOMME
Amiens
Laon
AISNE
Mézières
ARDENNES
Beauvais
OISE
PICARDIE
Reims
Metz
MOSELLE
BAS-RHIN
Strasbourg
g
RÉGION
Châlons
MEUSE
MARNE
LORRAINE
MEURTHE-
ET-MOSELLE
Bar-le-Duc
c
d
f
e
SEINE-ET-
MARNE
Melun
CHAMPAGNE
ALSACE
PARISIENNE
AUBE
Troyes
Chaumont
Hte-MARNE
Epinal
VOSGES
Colmar
HAUT-
RHIN
Belfort
Orléans
LOIRET
YONNE
Auxerre
Hte-SAONE
Vesoul
FRANCHE-
CHER
COTE D'OR
Dijon
Besançon
DOUBS
BOURGOGNE
CENTRE
NIÈVRE
Nevers
CHER
COMTÉ
Bourges
JURA
Lons-le Saunier
SAONE-ET-LOIRE
Moulins
ALLIER
Mâcon
Bourg
AIN
Hte-SAVOIE
Guéret
CREUSE
Annecy
Clermont-
Ferrand
RHONE
LOIRE
Lyon
Chambéry
PUY-DE-DOME
St-Etienne
RHONE-ALPES
SAVOIE
SIN
AUVERGNE
ISÈRE
CORRÈZE
Grenoble
Tulle
Hte-LOIRE
CANTAL
Le Puy
Privas
Valence
Aurillac
HTES-ALPES
ARDÈCHE
DROME
Gap
LOT
LOZÈRE
Mende
ALPES DE
HAUTE PROVENCE
Rodez
LANGUEDOC
VAUCLUSE
Digne
AVEYRON
MIDI-PYRENEES
GARD
Avignon
ALPES-MAR.
Nice
Albi
Nimes
PROVENCE-
Draguignan
Toulouse
Montpellier
B.-DU-RHONE
VAR
HÉRAULT
COTE D'AZUR
Marseille
Carcassone
AUDE
Foix
ARIÈGE
Perpignan
PYRÉNÉES
ORIENT.